Zindagi ka Shayar

Couplets on Love, Hope, and Life

1ST EDITION
2026

Shivam Singh

notionpress.com
INDIA • SINGAPORE • MALAYSIA

ISBN
Paperback 979-8-90319-757-6
Hardcase 979-8-90362-699-1

Dedicated to

समर्पित है

उन सब के नाम, जो खामोशी में भी गूँज रखते हैं।
दबी जुबान से ही सही, मगर कुछ अल्फ़ाज़ कहते हैं ।

“Poetry is the spontaneous overflow of powerful feelings: it takes its origin from emotion recollected in tranquillity.”

— William Wordsworth

“कविता तीव्र भावनाओं का सहज प्रवाह है; इसका जन्म उस अनुभूति से होता है, जिसे शांति के क्षणों में स्मरण किया गया हो।”

— विलियम वर्ड्सवर्थ

लेखक की टिप्पणी

आज-कल सब बड़ा जल्दी हो रहा है। घर में राशन का सामान मिनटों में मंगाने से लेकर चैट जीपीटी पर हो रही बातें और खोज तक, रफ़्तार अब जिंदगी का हिस्सा है। मगर यह किताब जल्दी-जल्दी नहीं लिखी गई। और न ही इसे किसी को प्रभावित करने के लिए लिखा गया।

ये शेर चुपके से जन्मे हैं, जहाँ इन्होंने भावनाओं और सामाजिक परिस्थितियों के बीच की खाई को देखा, वहाँ एक अदृश्य पुल की तरह निर्मित हो गए।
ये शेर जन्में हैं बातों के बीच में आई खामोशियों में, ऐसी खामोशियों में जो शब्दों से लंबी ठहरी रहीं। ये शेर इंसान के उन पलों की झलक हैं, जब ज़िन्दगी बयान करने के लिए बहुत भारी थी, पर झुठलाने के क़ाबिल नहीं।

'ज़िंदगी का शायर' केवल कविताओं या शेरों का संग्रह नहीं है; यह उन जज़्बातों का रिकार्ड है जिन्हें कहीं न कहीं हर इंसान के द्वारा जिया जाता है, लड़कपन के इश्क़ से लेकर दफ़्तर की कश्मकश तक।
कुछ शेर इश्क़ से निकले, कुछ ग़म से, कुछ उम्मीद से, और कुछ उन सवालों से जिनके जवाब ज़िन्दगी ने कभी पूरे नहीं दिए।

मेरा मानना है कि कविता अक्सर शोहरत में नहीं आती,
यह शांति में याद की गयी अनुभूति से आती है, आहिस्ता-आहिस्ता।

अगर इस किताब का एक भी शेर आपको रुकने पर मजबूर करे, प्रेम के रस में सराबोर करे , या आपके किसी भूले हिस्से को जगाये, तो इन शब्दों का मक़सद पूरा हुआ।

— शिवम सिंह

AUTHOR'S NOTE

These days everything is happening in a hurry.
From ordering groceries in minutes to scrolling through endless feeds and headlines, pace has become a part of our days.
But this book was not written in haste, nor to impress anyone.

These couplets were born quietly, in the pauses between words, where feelings and circumstances dug their small trenches.
They arrived like a half-built bridge between one moment and the next: in the silences that lingered longer than speech, the silences that words could not quite fill.
These verses are glimpses of those human moments-when life felt too heavy to describe, yet could not be denied.

Zindagi ka Shayar is not merely a collection of poems or couplets; it is a record of the emotions that people live through, from the flutter of first love to the fatigue of the everyday.
Some couplets came from longing, some from grief, some from hope, and some from questions life never fully answered.

I believe poetry rarely arrives with fanfare.
It often comes softly, born of recollected feeling in quietness.

If even one page in this book makes you pause, feel seen, or take you to a ride of romance, or remember a forgotten part of yourself, then these words have fulfilled their purpose.

—Shivam Singh

TABLE OF CONTENTS

TABLE OF CONTENTS

TABLE OF CONTENTS

इब्दिता

कवि हूँ न मैं !

लंबे कुर्ते के लिबास में,
क़लम चलाता दिख जाऊँगा।
कवि हूँ न मैं!

और सल्तनत की हुकूमती तलवार से भी
भिड़ जाऊँगा,
कवि हूँ न मैं!

अपनी क़लम की धार से,
प्रेम का पैग़ाम लाऊँगा,
कवि हूँ न मैं!

तुम्हें मोहित करने
उस रवि तक भी पहुँच जाऊँगा,
कवि हूँ न मैं!

भाग-१

खामोशियाँ

मुलाक़ात

कई अर्सों तक,
'अपनों' से मुलाकात नहीं होती।

सबसे बात होती है मगर,
किसी से 'बात' नहीं होती।

सिकुड़ता बचपन

क्या पता किस क़दर कहाँ खो-सा गया है,
लगता है वह बच्चा कहीं सो-सा गया है।

वो शरारतें, ठिठोलियाँ और रातों की गुफ़्तगू,
शहर के इस शोर में उसे कुछ हो-सा गया है।

तेरी खामोशी

तेरी ख़ामोशी इतना आवाज़ क्यों करती है?
मेरी मायूसी का वो आग़ाज़ क्यों करती है?

कड़वे ही सही, आख़िर दो लफ़्ज़ तो सुना दे,
ख़ामोशी ज़ख़्मों पर चोट बार-बार क्यों करती है?

जो तू था

जो तू था तो साँसें थीं,
जज़्बातें थीं और कुछ बातें थीं ।
वो छिप-छिप कर फ़ोन पर होती,
धीमी-सी मुलाक़ातें थीं।

अब तू न है तो हर पल,
हर जश्न बेगाना लगता है ।
इस क़दर खोया हूँ कि,
मुझे हर शख़्स अंजाना लगता है।

कोई कर रहा है

दिल में छिपे,
ख़ाली अरमानों को भर रहा है,
जो मैं सोच रहा हूँ, कोई कर रहा है ।

बादल का शोर

कुछ बादल तन्हाई में इतने रूठ गए,
कि तड़प कर नीले सागर भी सूख गए ।
समंदर का गुमान इक दिन टिक न पाया,
बादलों ने खामोशी से ऐसा शोर मचाया ।

दहेज

जलते रास्तों पर चलने को,
चप्पल नहीं है पाँव में ।
बेटी के दहेज को मजबूर है,
बाप मगर पूरे गाँव में ।

दोपहरी

सूरज के प्रकोप में,
आज तपती हुई दोपहरी है ।
मानो यह धरती भी बमुश्किल,
अंगारों पर ठहरी है ।

बारिश

प्यासे शहर की पूरी करने कुछ
ख्वाहिश आई है ।
बादलों के धुंध से निकल कर,
बारिश आई है ।

लोभ

बहुत ख़ाली लोगों से भरी है दुनिया ।
मद और लोभ से सज रही है दुनिया ।
प्यासे को पानी भले ना पूछे मगर,
शबाब-ए-शाम में रम गई है दुनिया ।

घर

कल के ठिकाने की,
कहीं कोई पक्की सी खबर हो,
है अरमान कि छोटा ही सही,
ख़ुद का इक घर हो ।

ताश

पत्ता-ए-ताश बन बह रही है जिंदगी।

'आस' और 'काश',

बस कह रही है ज़िंदगी ।

अपनों से घाव

अपनों से मिले घाव,बहुत गहरे होते हैं,
एक नक़ाब के पीछे कई चेहरे होते हैं !

ग़लतफ़हमियाँ

किन पत्थरों को हीरा समझ,
तिजोरियों में संभाल रहे हो !
बड़ी मासूमियत और बेवक़ूफ़ी से,
तुम ग़लतफ़हमियाँ पाल रहे हो !

भटका यौवन

कुछ खबर नहीं है बंदे को जुनून-ए-शबाब में ।
पड़ा हुआ है मदहोश मानो नशा-ए-शराब में ।
जुबान भी उसकी गर्म है, जाने किस रुआब में ।
आवाज़ ऊँची कर रहा है, हर बात के जवाब में ।
भटक चुका है यह मुसाफ़िर सफ़र की शुरुआत में,
अनजान बन कर झूम रहा, जहन्नुम की बारात में ।

फ़ोन का गुलाम

एक डब्बा मुझे मेरी औक़ात बता रहा है,
बाँध कर ख़ुद से मुझे गुलाम बना रहा है ।
और इसकी दुनिया में कुछ ऐसा खोया हूँ मैं,
मैं फ़ोन चला रहा हूँ, फ़ोन मुझे चला रहा है ।

सेहत

तब रुख़सत-ए-आनंद का आग़ाज़ होता है,
जब तबीयत का मंजर जरा नासाज़ होता है।
यह शरीर भी इक मंदिर है परवरदिगार का,
बिन सेहत के हर पल बस बर्बाद होता है।

Notes

भाग-२

प्रेम-रस

तेरे बिन रात

बड़ी मुश्किलात है, तेरी साँसों से इतर रहने में ।
भला ये भी कोई बात है, तेरी बातों से इतर रहने में !
यूँ तो ज़िंदा था, हूँ, और कल भी रहूँगा मैं, पर ;
वो दिन, दिन ही क्या हैं, तेरी रातों से इतर रहने में ।

चाय पर मुलाक़ात

मोहब्बत के मशविरे-राय पर मिलते हैं,

आओ किसी शाम चाय पर मिलते हैं !

बेहोश

मेरी रूह में लिपट वह कुछ यूँ बेहोश है,
जमाने से इतर मेरी जन्नत-ए-आग़ोश है ।

याद

सालों बाद भी जहन में दब कर रहते हैं,
ये जो अश्क़ हैं, बहुत कुछ कहते हैं ।
क़ातिल मुस्कान अब भी जब याद आती है,
मेरी तन्हाइयाँ, न जाने कहाँ खो जाती हैं ।

बुलावा

बादल को जमीं के पास आना चाहिए था,
उसके बुलाने पर मुझे जाना चाहिए था
उसके इंतज़ार अब रात से सवेर हो चुकी है,
शायद मेरे जाने में अब देर हो चुकी हैं ।

जहान

दबी ज़ुबान में चंद अल्फ़ाज़ फ़ेक सकूँ,

जो तू हटे तो मैं जहान भी देख सकूँ ।

दूरी

शायद दूर रह कर समझना मुश्किल है मुझे,
फिर भी शख़्स बड़ा ही आम हूँ, बताता हूँ तुझे ।
मेरी शिद्दतें यही हैं कि दूरियाँ अब सिमट जायें ।
खामोशियाँ भी किलकारियाँ बन लिपट जायें।
बादल दूर रहकर भी करता जमीं का दीदार है,
मोहब्बत के ख़ातिर वह बरसता बार-बार है ।

मुस्कुराहट

मिज़ाज को इत्र में नहाता देख लिया है,
आज मैंने जो तुझे मुस्कुराता देख लिया है ।
लग रहा तन्हाइयों से दूर सराबोर हूँ मैं,
जो तुझे आज गुनगुनाता देख लिया है ।

इंतज़ार

इतना इंतज़ार किया तुम्हारा हमने,
कि मौसम भी बीत गए ।
उधर क़ुर्बान कर मेरी जज्बातों को,
तुम धोखे से जीत गए ।

जंग-ए-इश्क़

इधर फ़ौलादी शख़्स को भी बीमार होना पड़ता है,

जंग हो या इश्क, जमाने से दो-चार होना पड़ता है ।

फौजी का प्रेम

किन्हीं रास्तों पर चलता-फिरता,
कहीं दूर जा रहा हूँ ।
मैं मिलना आज ही चाहता था,
होकर मजबूर जा रहा हूँ ।
वापसी की उड़ान में खबर यदि,
कुछ बुरी भी निकल जाये,
फ़क्र करना तेरे इश्क़ का नूर बन,
चाँद पर छा रहा हूँ ।

बात-चीत

नफ़रतों का नशा इतना चढ़ा कर क्यों रखना है !
जो गले-शिकवे हैं, उन्हें बढ़ा कर क्यों रखना है !
यूँ तो जिंदगी चल रही है बिन बात-चीत के मगर,
मुमकिन बरसात को रेगिस्तां बना कर क्यों रखना है ?

तेरी खोज

ख़याल-ए-आसमाँ में बादल बन बहक रहा हूँ,
मैं तुझसे मिलने को कुछ यूँ तरस रहा हूँ ।
कुदरत जे फ़लक पर रंगीन नज़ारे बहुत हैं मगर,
मैं तेरी खोज में बारिश-ए-रेगिस्तां बरस रहा हूँ ।

मुस्कान

जिस पर मंजूर मुझे लाखों शहादत है,
तेरी मुस्कान ही है जो मेरी इबादत है ।

संग तुम्हारे

संग तुम्हारे मैं सारी जज्बातें जिया करूँ,
करता है मन यूँ बस तुमसे बातें किया करूँ ।
रब हज़ार सौग़ातें मुझ तक फ़ेक भी दे मगर,
जहाँ पर तू न हो, वहाँ मैं भी ना हुआ करूँ !

भरोसा

रिश्तों की असलियत ने इतना झकझोर दिया है,
मैंने अब कुछ परिंदों का इंतज़ार छोड़ दिया है ।
कह कर गए थे किसी परदेस वे कुछ कारणों से,
नई हवाओं से नाते जोड़, इधर से मुँह मोड़ लिया है।
पता नहीं था लगाव बस मतलबों का सैलाब है,
कुछ बाजों ने बादल का भरोसा भी तोड़ दिया है !

ज़ख़्मी लब्ज

मेरे लब्जों की रूह इतनी ज़ख़्मी लगती है,

कि अब खामोशी भी बड़ी अपनी लगती है ।

घायल

इश्किया ज़ख्मों से कई बार घायल हूँ,
शायद इसलिए बन चुका मैं शायर हूँ ।

दीवाना

करता हूँ दुआ रब से कि तेरे इधर एक आशियाना हो।
किसी बहाने राह गुजरते, तुमसे नज़रें मिलाना हो ।
हो धूप, छाँव, तपिश, नमी या आग भी बरसे मगर,
तेरी झलक का मुझसा न कोई और दीवाना हो ।

इश्क़

इश्क़ से बढ़ कर खुदा का नजराना क्या है,
जो की हो मोहब्बत, उसमें शरमाना क्या है !
लाख लानतें उछाल ले ज़ालिम जमाना मगर,
राधा को श्याम से मिलने में घबराना क्या है !

बहाना

इस डूबते दिल को एक सहारा चाहिए ।
और कुछ नहीं, आपका नज़ारा चाहिए ।
आख़िर परवाह किसे है चाँद और सितारों की,
हमें तो आपसे मिलने का एक बहाना चाहिए ।

चुप्पी

रोज़ाना की गुफ़्तगू से इतर ये मिजाज़ क्या है ?

बातों ही बातों में तेरी खामोशी का राज क्या है ?

याद

उन तस्वीरों से,
सुबह और शाम मुलाक़ात करता हूँ ।
और तेरी यादों में,
खामोशियों से भी बात करता हूँ ।

बर्बाद

परेशानी यही तो है कि सब कुछ याद रहता है,
मोहब्बत का मारा शख्स इसलिए बर्बाद रहता है।

आँखें

ना जी भर के देखा तुझे तो किस काम की मेरी आँखें हैं ।

हाँ मैं हूँ गुनहगार, क़ैद को मंजूर तेरी हर सलाख़ें हैं ।

जो ख़ुदा ने तुझे बनाया

सितारों का जिक्र हुआ और माहौल सजा दिया,

बड़े ख़ुश मिजाज़ होकर खुदा ने तुझे बना दिया ।

बुरा ना लगे तो

बुरा ना लगे तो एक बात कहना चाहूँगा,
तुझे देखने का एक गुनाह करना चाहूँगा ।
गुज़र रहा हूँ आज-कल दिल के तूफ़ानों से,
कल की शाम इक मुलाक़ात करना चाहूँगा ।

इंजतार

दो लफ्जों के इंजतार में,
खत्म सारी जाम हो गई ।
उनसे जरा मिलने के खातिर,
सुबह सारी शाम हो गई ।

सिरफिरा

करता है जी कि तेरी मोहब्बत में तर जाऊँ,
तुझे मंजूर ना भी हो तो कुछ कर गुज़र जाऊँ ।
हाँ कहेगा मुहल्ला मुझे कोई खोया सा सिरफिरा,
या तो तुझसे इश्क़ हो या तेरे ग़म मैं मर जाऊँ ।

रात की चादर

संजीदगी से रूह पर उसके होठों का जो आना हुआ,
नशीली शाम में मुझे उसके इश्क़ का नजराना हुआ ।
दिल की धड़कनों में उसकी सासों का समाना हुआ,
रात की चादर में हमारा मिलन एक अफ़साना हुआ ।

गीत

अपनी आग़ोश में बिठाकर कुछ गीत गुनगुनाता रहूँ,

जो तू सुनती रहे मेरी गजल, मैं प्रेम से सुनाता रहूँ ।

Notes

भाग-3

घायल योद्धा

डूबने का मज़ा

मत डरा मुझे यूँ ऐ खड़ा समंदर,
लहरों को पलटने की ताक़त है मेरे अंदर ।
मैं चाहूँ तो कश्ती को किनारा लगा दूँ,
पर मैं तो डूबने का मज़ा ले रहा हूँ ।

अकेला

अंगारों में तप कर चमक को सींचना पड़ता है ।
पहाड़ों को अकेला रहना ही सीखना पड़ता है ।
दीपक से उजियाले की उम्मीद मैं नहीं रखता हूँ
अपनी राह पर मैं अकेला ही बढ़ता चलता हूँ।

इतिहास

वज्रपात और वरुण के वार में, पक्षी पनाहें ढूंढा करते हैं ।
तब वेग के विपरीत भाग कर, गरुड़ मेघों को भेदा करते हैं ।
भीड़ में लुप्त हयात काट कर, पहचान कहाँ बन पाएगी ।
हटकर लीक से लैड पाये जो, इतिहास गीत उसी के गायेगी ।

लक्ष्य

मौसम को अंगीठियों का, या ठहरा हुआ गगन हो,
उसे भनक नहीं है हवाओं क, जो लक्ष्य में मगन हो

जोर

निखर रहा जो प्रचंड ताप में,
हीरा वही कहलाता है,
हर जोर तुम्हारा जल्द झुकेगा,
वक्त मेरा बतलाता है ।

कठिन नौकरी

मेरे जीवन का कुछ अलग सा ही मूल है ।
तेरी शाम में जहाँ वो रंगीन सा पूल है,
मेरी नसीब-ए-रात में सड़क की धूल है ।
न शरद, न गरम, न बारिश भी माकूल है,
बेघर मुसाफ़िर वक्त के जाम में मशगूल है ।

इंतक़ाम

किसी महकमे में सताये हुए सत्य का इंतक़ाम होती हैं,

कुछ खामोशियाँ आग़ाज ए-तूफ़ान का पैग़ाम होती हैं ।

आकाश

ज़िन्दगी के दो-राहों पर खड़ा हूँ, हर ओर जहाँ खाई है
उन चोटियों पर कैसे जाऊँ, आकाश जिनकी ऊँचाई है

चाल

तुम्हारे व्यक्तित्व की हर एक किताब पढ़ता हूँ,
मैं बड़ी बारीकी से तुम्हारा दिमाग़ पढ़ता हूँ ।
किन ख़िताबों के ख़ातिर ये कुकर्म किए तुमने,
तुम्हारे चलने से पहले, तुम्हारी हर चाल पढ़ता हूँ ।

फ़र्क़

तेरी शिद्दत-ए-इश्क़ से जमाने को फ़र्क़ नहीं पड़ता ।
नदियाँ सूख गई फ़सल को सीच कर,
उसे मगर फ़र्क़ नहीं पड़ता ।
राहों को टटोल कर मैं भी बन गया हूँ, एक आवारा मुसाफ़िर
आते-जाते राहगीरों से अब मुझे भी फ़र्क़ नहीं पड़ता ।

तुर्रम ख़ान

ताल ठोक कर हो रहे हैं चर्चे भरे बाज़ार में,

मेरी ताक़त का स्वाद चखा है आज किसी तुर्रम ख़ान ने ।

साजिश

क्या ही असर होगा मुझ पर तुम्हारे पैंतरों-साजिशों का,
सूर्य का तपिश, चंद बादलों की घटाओं से नहीं डरता

जाति

कुछ सोचते हुए मन बड़ा ही मौन है,
जातियों की दीवार आख़िर बनाता कौन है !
जब किया नहीं उस रब ने भी कोई सा भेद,
इंसान को इंसान से जुड़ा फिर बताता कौन है ।

तख्त

तुम्हारे साजिशों से दबा गुमनाम शोर नहीं हूँ मैं,
और शराफ़त की भेष में कमजोर नहीं हूँ मैं ।
अपनी हर बात निश्छल और बेबाक रखता हूँ,
मैं तुम्हारे तख्त को हिलाने की औक़ात रखतां हूँ

शोर

दबदबे की रातों को काट, कल भोर हो जाएगा ।
जितनी आवाज़ दबाओग, उतना शोर हो जाएगा ।

बेचैनी

ना कर तानाशाही शोहरतों का इतना गुमान,
शहर में बेचैनी तेरी आवाज़ से ज़्यादा मेरी खामोशी से है

जंग

साथ चलने को जंग में फायदे बहुत थे,
और उन वायदों पर विश्वास भी बड़ा था ।
जब वक्त ने तहरीर दी, दुश्मन भी बहुत थे,
मुड़ कर देखा तो मैं अकेला खड़ा था ।

जनाजा

मेरे जनाजे पर ख्वाहिश-ए-नृत्य रखने वाले,
जीते-जी मुझे देख हर रोज़ मरा करते हैं ।

क़ायदा

बहुत कायदे से कही थी हमने,
उनसे कायदे में रहने की बात ।
पर प्रेम की वाणी सुनते ही कहाँ हैं,
जिनके नसीब में लिखी हो लात ।

तिलिस्म-ए-नसीब

मिलते हैं मुसाफ़िर कई इस ज़िंदगी में,
कुछ यादें दे जाते हैं, कुछ बन जाते हैं ।
मिलते हैं तिलिस्म-ए-नसीब कुछ ऐसे शख़्स भी,
जो वक्त बिताते नहीं, उसे बदल जाते हैं ।

सोते हुए मुसाफ़िर

सोते हुए मुसाफ़िर, मंजिल को तरसा भी कर ।
आख़िर कब तक गरजेगा, कभी बरसा भी कर ।

तनख़्वाह

दुनिया की दीद बड़ी सितम लगती है,
मुझे मेरी तनख़्वाह बड़ी कम लगती है ।

संघर्ष

ज़िन्दगी संघर्षों के बीच कुछ यूँ गुजरी,
कि अब कब्र भी, पसीनों से लथपथ है ।
वो ऐश, वो आराम कब के गुज़र गए,
हर रास्ता बन चुका अब अग्निपथ है ।

डर

उनके ख़ौफ़ मे, मेरी खामोशी की रज़ा नहीं है ,
यह जान लो कि डर ही सबसे बड़ी सजा रही है
जब मर्जी से जीने की भी तुम्हें देनी अर्जी है,
यक़ीं मान लो कि अब तुम्हारा जीना फ़र्ज़ी है ।

वक्त

ना शख़्स मजबूत होता है,
ना तख्त मजबूत होता है ।
जालिमों को ख़बर नहीं,
कि बस वक्त मजबूत होता है ।

रब

भूखा पेट, मैली आँखें और नंगा बदन ले पूछ रहा है
इक बच्चा बदहाली की गर्मी में कुछ यूँ सूख रहा है ।
पूछ रहा है रब से तेरे दर का वो झरना बहता कहाँ है
कभी मुझसे भी मिल ले, मुझे बता तू रहता कहाँ है !

Notes

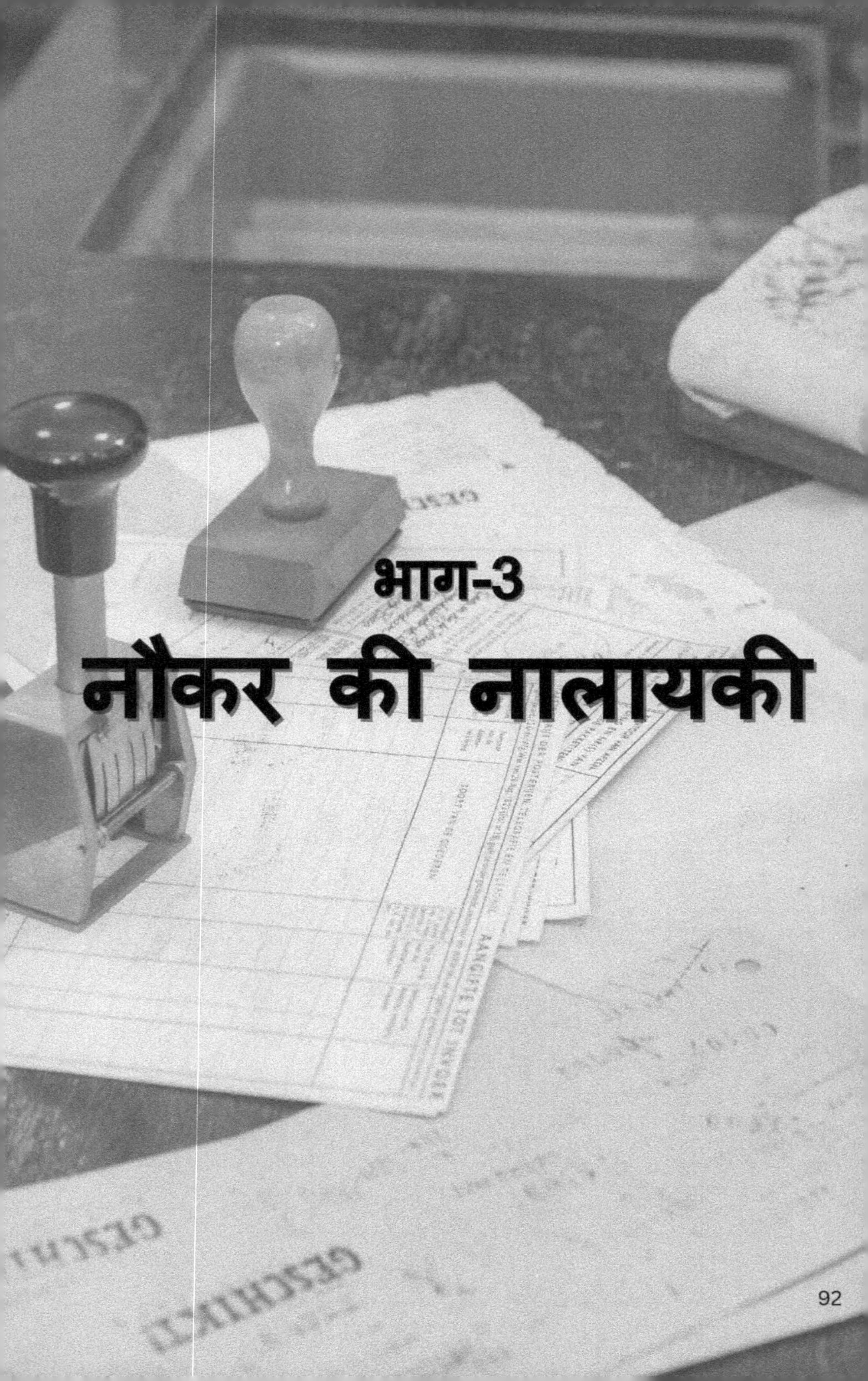

भाग-3

नौकर की नालायकी

सरकारी दफ़्तर

सीढ़ियों पर बैठा वह बड़ा परेशान था,
कुछ 'नवाबों' की नवाबी से हैरान था ।
हो रही थी कोशिश हरे पत्तों के लूट की,
नौकरों की शाही देख थक चुका इंसान था ।

शंट पोस्टिंग

चोरों की जमघट में, बाइक हुए सब लाज-शरम हैं।
और हराम की कमाई पर टिके हुए तुम्हारे करम हैं ।
आज कल भागते फिर रहे हैं हमसे, हमारे कुछ अपने ही
लगता है शहर में अफ़वाहों का बाज़ार गरम है ।

लड़ाई ईमानदारी की

उन चोरों की चोरी से कुछ यूँ लड़ रहा हूँ ,
अकेले रास्तों पर हर रोज़ चल रहा हूँ ।
आती है उनके कमरे से बू मेरे बहिष्कार की,
मैं तो उस ग़रीब की थाली देख मचल रहा हूँ ।

न चाहिए मशविरा, न शाबाशियाँ तेरे जुबान की,
तुम क्या जानो व्यथाएँ कुछ कच्चे मकान की !
मोटी पगार ले कर भी, जब तुम्हारे जेब न भरते हैं,
बिके हुए जमीर क्या तुम्हें न धिक्कारा करते हैं ?

नारी और समाज

किस बात कि उसे आज़ादी है,
जब सहनी उसे बर्बादी है ।
नारी की सुरक्षा जब समाज न कर पाये,
शर्म की दो घूँट में आख़िर क्यों न मर जाये ।
याद करो तख्त भी डूब जाते हैं, द्रौपदी के अश्कों में,
भाग्य अंधेरा हो चुका है, इस मिट्टी का कई दशकों में

जागो जनता

उनके घर से आ रही है बू, चोरी के पकवान की ।
इधर फिक्र नहीं है किसी को तुम्हारे जान की ।
मगर आँखें बंद और होंठ तुम्हारे भी सिले हुए हैं,
और इसलिए ये सारे चोर आपस में मिले हुए हैं ।

प्रशासन का निकम्मापन

गटर में डूब कर मर चुका जीवनलाल है,

कस्बे के अफ़सरों की जेब मालामाल है ।

जहूर्रियत को ज़ालिमों ने कितना गिरा दिया,

तुम्हारे हर वोट का आख़िर क्या सिला दिया

Notes

भाग-4

ज़िन्दगी का शायर

कवि

मोहक लफ्जों की खोज में, दूर का रवि न बन जाऊँ,
कलम तेरे इस प्रेम में, मैं तेरा कवि न जाऊँ ।

कवि की महत्ता

जहाँ होता बेअसर उनका हर वार है,
गोल-बारूद नहीं, मेरे कलम की धार है ।
लाचारों की आवाज़ है, पिछड़ों का अधिकार है ।
एक कवि की महत्ता कुछ इसी प्रकार है ।

ज़िंदगी का शायर

शब्दों के उन बादल में, मैं छिपा सूर्य का नायर हूँ ।
ना डरता बल-ए-जिस्मों से, ना मैं वैभव का कायल हूँ ।
हैं पता मुझे, जीवन के छण-लक्षण,
क्योंकि मैं, मैं तो ज़िंदगी का शायर हूँ ।

तवज्जो

ना दौलत, ना शोहरत, ना राजशाही की रज्जो चाहिए,
चाहिए अगर कुछ कवि को, तो आपकी तवज्जो चाहिए !

कौन हूँ मैं

किलों में दबा पत्थर नहीं,
सच्चाई का तापमान हूँ मैं ।
जिसे किसी ने जकड़ न रखा,
एक खुला आसमान हूँ मैं ।
लाख नज़रें तुम चुरा लो पर,
तुम्हें रोशन करता रवि हूँ मैं ।
बनाता कल्पना और शब्दों की गाँठ,
तुम्हें मोहित करता कवि हूँ मैं ।

Notes

Thank You

Thank you to every reader who read these poems aloud, who let me be late for coffee, and who kept me honest-especially my friends Bhaskar Jha, Shouryam Kumar, Vishal, Samar, Ved Prakash, Aishwarya and many loving others who have been lending their ears to my poetry for years.

My gratitude to the almighty and the quiet mornings for giving me strength to pen down the canvas of society and present different shades of human life.

Gratitude to my parents for posing a towering faith in me, and showering me with their blessings, for good.

Gratitude to the publisher, designer, and to the artists who lent their work to this book to its best form .

Instagram	Medium	Email
thepenofshivam	thepenofshivam	shivam301097@gmail.com

ZINDAGI KA SHAYAR

Zindagi Ka Shayar is a collection of quiet, intimate poems that trace the small moments of everyday life; lingering love, slipping childhood, and the silent negotiations we make with the world around us.

Written in simple, direct couplets, these poems reflect on relationships, solitude, and society with honesty and restraint.

This book is meant to be read slowly, at dusk, in transit, or during moments of pause.

About The Author

Shivam Singh writes poetry inspired by everyday experiences, human emotions, and the quiet inner dialogues of modern life.

Having played a number of roles in different quarters of life, he's a keen observer of society and human behaviour.